Mareike Grün

Speckstein

Lustige Ideen für Kinder

christophorus

Inhalt

Was ist Speckstein? 6
Arbeitsplatz & Werkzeug 8
Bearbeitungsschritte 12
Grundkurs 1: Formen aus Rohsteinen 14
Grundkurs 2: Formen aus Steinplatten 16
Grundkurs 3: Hohlformen 18
Grundkurs 4: Metallschablonen 20
Grundkurs 5: Einfärben 22

Vergiss-nix-Freunde 24
Glücksschweinchen 26
Blütenanhänger 28
Wir kommen vom Lande 30
„In Stein gemeißelt" 32
Finchen, das Delfinchen 34
Vom anderen Stern 36
Ordnungsstifter 38
Steinstarker Flitzer 40
Mit Speck fängt man Mäuse 42
Streifenschmuck 44
Schatzhüter 46
Schrecklich-schöne Monster 48
„Mit Brief und Siegel" 50
Unverzichtbar für Prinzessinnen 52
Kleiner Drache Speckispuck 54
Die Gespenster sind los! 56
Für Burgherren 58

Vorlagen 60

* = keine Vorkenntnisse erforderlich, geht schnell
* * = keine Vorkenntnisse erforderlich, aber etwas Geduld
* * * = geringe Vorkenntnisse erforderlich und etwas Ausdauer
* * * * = Vorkenntnisse und Ausdauer erforderlich

Über dieses Buch

Speckstein ist der weichste Stein, den wir kennen, und deshalb ganz leicht zu bearbeiten. Schon mit dem Fingernagel lässt er sich einritzen. Mit Werkzeugen aus der Holzbearbeitung entstehen rasch wunderschöne Objekte. Und jedes wird einzigartig sein, da auch jeder Stein einzigartig ist. Die Farbenvielfalt und die faszinierenden Maserungen begeistern stets aufs Neue.
Also keine Angst und ran an den Stein! Die meisten Modelle in diesem Buch entstanden aus besonders weichen Rohsteinen, andere aus einem Rohling, der schon grob die Form vorgab.
Viele Objekte sind völlig ohne Vorkenntnisse nachzuarbeiten – wie die schaurig-schönen Gespenster, die in der ebenfalls selbst gestalteten Speckstein-Burg hausen können. Oder wird diese doch eher von Speckispuck, dem gar nicht Furcht erregenden Drachen bewacht? Oder von einem Burgfräulein bewohnt, das sich die schneeweiße Krone aus Speckstein feilt?
Auch Schmuckstücke und Monster, niedliche Mäuschen, Glücksbringer und ein Ufo finden sich als Modelle zum Nacharbeiten auf den folgenden Seiten. Ich hoffe, dass alle Mädchen und Jungen, ob groß oder klein, die Objekte finden, die ihnen Lust zum Sägen, Raspeln, Feilen und Schleifen machen.

Viel Spaß wünscht

Mareike Grün

Was ist Speckstein?

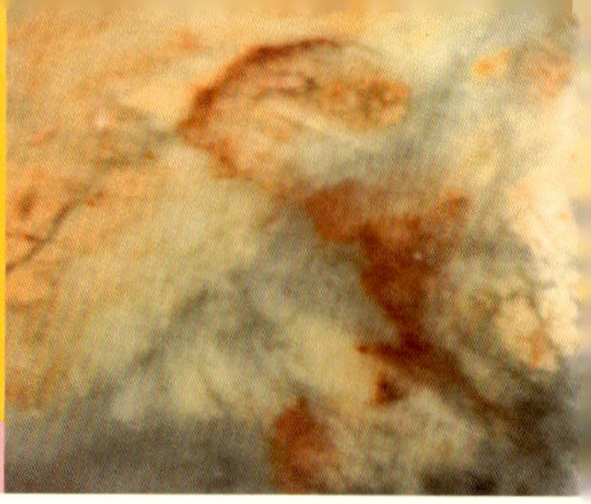

Speckstein – ein ungewöhnlicher Name für einen Stein. Warum heißt der Speckstein eigentlich Speckstein? Du wirst es verstehen, sobald du deinen ersten Stein angefasst und bearbeitet hast. Er fühlt sich einfach fettig, also „speckig" an, obwohl er natürlich kein Fett enthält. Aber durch seine Zusammensetzung aus kleinen, blättrigen Teilchen, die sich auf der Haut fettig oder seifig anfühlen, kam er zu seinem umgangssprachlichen Namen. Speckstein hat aber auch noch eine wissenschaftliche Bezeichnung: Geologen nennen ihn Talkstein oder Steatit. Er ist ein magnesiumhaltiges Schichtsilikat, das vor rund 650 Millionen Jahren tief in der Erde durch Druck, Hitze und Bewegung entstand und z. B. durch die Auffaltung von Gebirgen an die Oberfläche wanderte, wo er heute fast überall auf der Welt in Steinbrüchen abgebaut wird.

Speckstein hat überall eine etwas andere Zusammensetzung, da er unterschiedliche Beimischungen verschiedener Mineralien enthält. Das macht ihn nicht nur unterschiedlich hart (je mehr Beimischungen, desto härter), sondern erklärt auch seine große Farbenvielfalt. Speckstein gibt es z. B. in Weiß, Ocker, Braun, Hell- und Dunkelgrün, Rosa, Rötlich, Grau, Schwarz und oft auch in gemaserten Varianten mit verschiedenen Farben. Genau das macht ihn für die Verwendung in der Kunst so abwechslungsreich und interessant.

Verwendung findet Speckstein schon sehr lange. Die frühesten Funde stammen aus dem Orient, z. B. walzenförmige Siegel und Reliefs, die bereits 3000 Jahre vor Christus im Iran entstanden. In China wurde besonders in der Ming-Dynastie grünlicher Speckstein als Ersatz für die teure Jade verwendet. Die Wikinger verwendeten Specksteingewichte bei der Fischerei und fertigten Formen für den Metallguss daraus an. In vielen Teilen Afrikas und Indiens gibt es eine lange Tradition, Schmuck, Kult- und Gebrauchsgegenstände aus Speckstein herzustellen. Seit dem 19. Jahrhundert stellen die kanadischen Eskimos (Inuit) nicht nur Plastiken und Gebrauchsgegenstände aus Speckstein her, sie verwenden ihn auch, um Druckvorlagen daraus zu schnitzen und interessante Farbdrucke (Steindrucke) herzustellen.

Wir verwenden Speckstein heute in vielen Bereichen, nicht nur in der Kunst, um einzigartige Skulpturen zu schaffen. Speckstein besitzt auch eine hervorragende Wärmespeicherung und wird darum im Ofenbau eingesetzt. Viele Arzneien und Kosmetikartikel enthalten fein gemahlenen Speckstein (Talk) als Trägermittel, da er sehr hautverträglich ist. Talkumpuder hilft vorbeugend bei Hautausschlägen und Reizungen, lindert den Juckreiz und hält die Haut geschmeidig. Die vielen weiteren Verwendungsmöglichkeiten lassen sich hier gar nicht alle aufführen, sie würden ein eigenes Buch füllen.

Speckstein für Skulpturen und Schmuck ist übrigens nicht nur als Rohstein erhältlich. Im Bastelfachhandel gibt es bereits vorgefertigte Rohlinge, wie z. B. Würfel in verschiedenen Abmessungen, Steine mit Bohrungen und kleine Steine mit vorgebohrtem Loch zur Schmuckherstellung zu kaufen. Es gibt sogar Rohlinge in grob vorgesägten Tierformen. Sie ersparen das Zusägen, teilweise sogar das Raspeln. Der Rohling kann direkt mit Feilen in Form gebracht werden.

Hier sind Speckstein-Rohlinge mit vorgebohrtem Loch für die Schmuckherstellung zu sehen. Sie zeigen die große Vielfalt an Farben und Maserungen.

Arbeitsplatz & Werkzeug

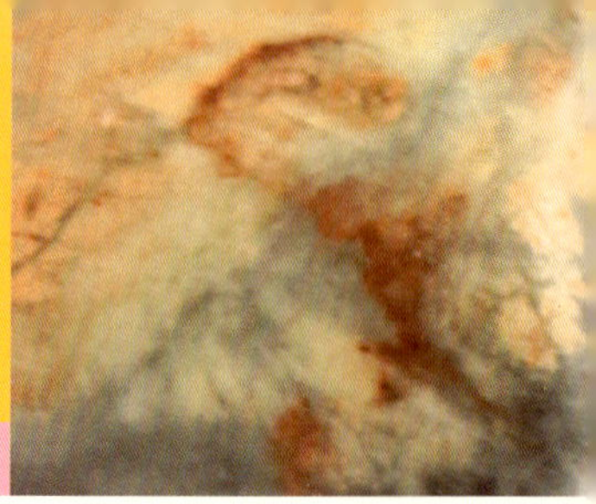

Werkzeuge

Fuchsschwanz (Abb. 1): Mit dem Fuchsschwanz sägst du Steinquader als Ausgangsformen zu und nimmst gerade Schnitte vor, wenn deine Modelle eine gerade Standfläche brauchen. Außerdem kannst du mit ihm größere Stücke überschüssigen Steins absägen.

Abb. 1

Raspeln – eine runde, eine leicht gewölbte, eine flache (Abb. 2) und eine Ringraspel (Abb. 3): Nach dem Sägen ist das Raspeln die einfachste Methode, schnell viel Material abzutragen. Bei geraden Flächen arbeitest du mit einer flachen, bei geschwungenen Formen mit der leicht gewölbten und bei engen Kerben mit der runden Raspel. Die Ringraspel verwendest du zum Aushöhlen.

Abb. 2

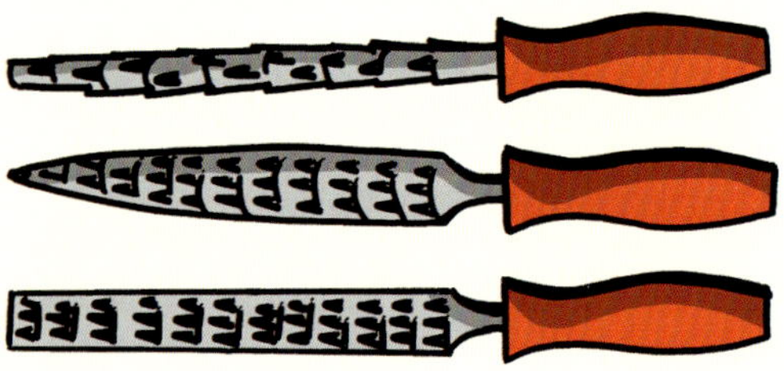

Abb. 3

Speckstein-Feilen – eine runde, eine flache, eine leicht gewölbte und eine dreieckige (Abb. 4): Diese kleinen Feilen verwendest du für feinere Arbeiten. Sie haben eine weniger raue Reibfläche als die Raspeln und tragen entsprechend weniger Material ab. Auch hier benötigst du verschiedene Varianten für die Bearbeitung unterschiedlicher Formen.

Abb. 4

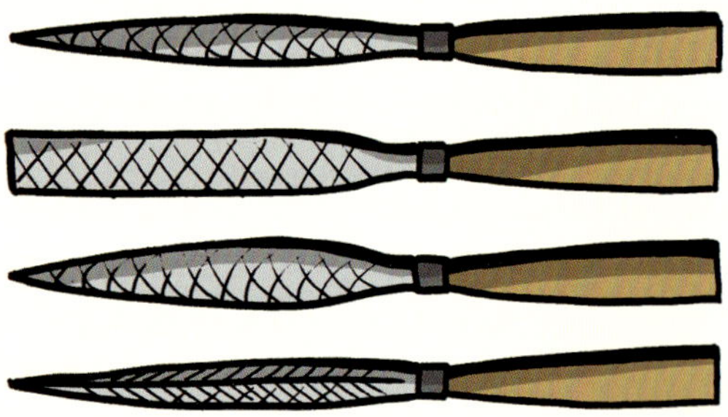

Schleifpapier (Abb. 5) zum Trockenschleifen – in 60er und 120er Körnung – und Stahlwolle (Abb. 6) – grob (Stärke 2) und fein (Stärke 000): Schleifpapier und Stahlwolle werden hauptsächlich zum Glätten der Oberfläche verwendet. Die grobe Variante trägt dabei mehr Material ab und hinterlässt tiefere Schleifspuren als die feine. Deshalb ist es sinnvoll, immer von der gröberen zur feineren Körnung zu arbeiten.

Abb. 5

Abb. 6

Nassschleifpapier (Abb. 5, rechts) - 360er Körnung: Es hat eine viel feinere Oberfläche als Trockenschleifpapier. Damit kannst du den Stein besonders glatt schleifen.

Papier-Atemmaske (Abb. 7): Den feinen Staub, der beim Arbeiten entsteht, solltest du nicht unbedingt einatmen. Trage am besten beim Raspeln und Schleifen eine einfache Papier-Atemmaske. Das ist besonders zu empfehlen, wenn du mit Stahlwolle arbeitest, denn der hierbei entstehende Staub besteht nicht nur aus Speckstein, sondern auch aus kleinen Krümeln Stahlwolle.

Abb. 7

Specksteinkleber (Abb. 8): Bricht dir bei feineren Arbeiten einmal ein Stein durch, so kannst du ihn meist mit Specksteinkleber reparieren. In der Regel zerbröselt der Stein nämlich nicht, sondern bricht entlang der Maserung. Wenn du etwas Steinstaub in den Kleber mischst, beide Seiten dünn damit bestreichst, fest zusammendrückst und lange genug trocknen lässt, ist die Bruchstelle kaum mehr zu erkennen. Nach dem Aushärten kannst du die Klebestelle genauso schleifen und glätten wie den restlichen Stein.

Abb. 8

Specksteinöl oder Speiseöl (Abb. 9): Zum Ölen des Steins kannst du spezielles Specksteinöl oder normales Speiseöl (z. B. Olivenöl) verwenden. Steinöl versiegelt die Oberfläche dauerhafter, allerdings enthalten manche Öle Lösungsmittel. Darum solltest du Schmuckstücke oder Objekte, die mit Lebensmitteln in Berührung kommen (z. B. Schalen), lieber mit Speiseöl bearbeiten.

Abb. 9

Außerdem benötigst du noch einen kleinen **Handbohrer (Abb. 10)**, weiche **Baumwolltücher (Abb. 11)** zum Auftragen des Steinöls und zum Polieren sowie einen weichen Bleistift und Transparentpapier zum Übertragen und eine Schere zum Ausschneiden von Vorlagen.

Abb. 10

Abb. 11

Tipp

Für einige Modelle findest du hinten im Buch Vorlagen (siehe Seite 60/61), die auf den Stein übertragen werden müssen. Dazu paust du die Vorlage mit Transparentpapier ab und schneidest die Form aus. Lege die Schablone auf den Stein und umfahre sie dann mit einem Bleistift. Wenn dir Schablonen aus Transparentpapier nicht stabil genug sind, kannst du sie ganz einfach verstärken: Die Rückseite des Transparentpapiers vollflächig mit Sprühkleber besprühen und auf einen DIN-A4-Bogen Tonkarton kleben. Jetzt die Schablonen ausschneiden.

Arbeitsplatz

Beim Arbeiten mit Speckstein fällt recht viel Steinmehl an. Lege deshalb beim Arbeiten in einem geschlossenen Raum immer ein angefeuchtetes **Handtuch** unter. Das bindet den Staub. Auf das feuchte Handtuch legst du ein kleines **Holzbrett (Abb. 12)**, damit der Stein während des Schleifens nicht nass wird. Nasser Steinstaub würde nämlich dein Schleifpapier und deine Raspeln und Feilen viel schneller verstopfen als trockener Staub.

Abb. 12

Puste den Staub, während du arbeitest, nie von deinem Modell, sondern verwende einen großen, weichen **Pinsel (Abb. 13)**, um den Stein während der Bearbeitung immer wieder vorsichtig zu entstauben.

Abb. 13

Bei größeren Modellen erleichterst du dir das Arbeiten, wenn du dir vorher ein **Steinkissen (Abb. 14)** nähst. Fülle hierzu ein Säckchen – ein Waschhandschuh tut es auch – zu zwei Dritteln mit grobem Sand oder feinem Kies (z. B. aus dem Aquarienbedarf). Nähe das Säckchen nun mit kleinen Stichen zu, sodass deine Füllung nicht herausrieseln kann. Wenn du deinen Stein beim Arbeiten auf dieses Kissen legst, passt es sich seiner Form an und gibt ihm sicheren Halt.

Abb. 14

Auch ein **Eimer (Abb. 15)** kann nützlich sein. Dahinein kannst du dein Schleifpapier und die Raspeln und Feilen ausklopfen, damit sie nicht verstopfen. Das Steinmehl sammelt sich dann im Eimer und verteilt sich nicht im Zimmer.

Abb. 15

Tipp

Arbeite im Sommer einfach im Freien, dann brauchst du nicht so viele Vorkehrungen zum „Einfangen" des Steinstaubs zu treffen. Für Pflanzen ist er nicht nur unbedenklich, er wirkt sogar als Dünger!

Bearbeitungsschritte

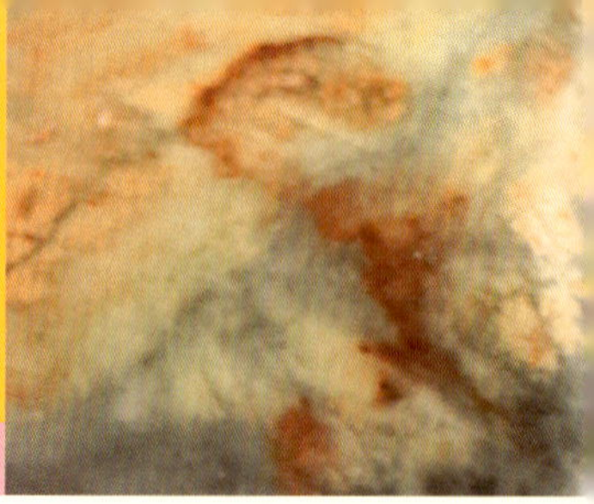

Abb. 1

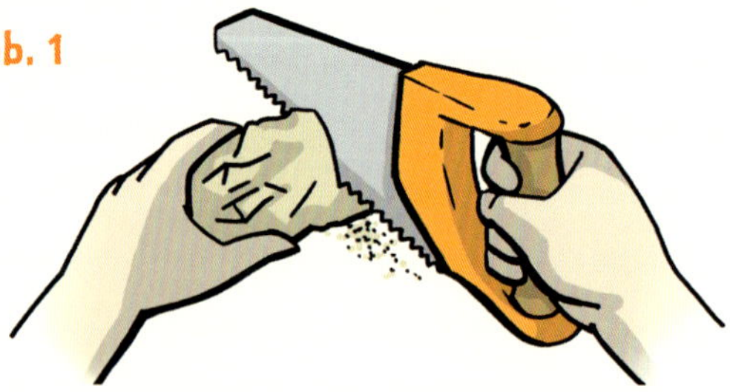

1 Sägen: Zum Zersägen eines größeren Steines setzt du die Säge immer oben auf dem Stein an und arbeitest senkrecht nach unten. Mehr Kraft hast du vermutlich, wenn du im Stehen arbeitest. Halte den Stein gut fest, achte aber darauf, nicht mit den Fingern in die Nähe der Säge zu gelangen.

Abb. 2

2 Raspeln: Um möglichst schnell viel Stein abzutragen, verwendest du Raspeln. Halte sie nur am Griff fest, nicht an der rauen Raspelfläche. Achte darauf, die Finger der anderen Hand, mit der du den Stein festhältst, immer in sicherer Entfernung zu halten. Beim Raspeln entstehen tiefe Rillen im Stein.

Abb. 3

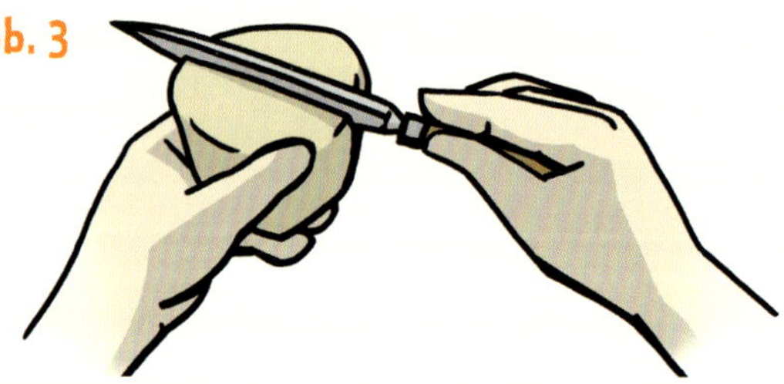

3 Feilen: Die Rillen vom Raspeln glättest du, indem du mit verschiedenen feinen Feilen über den Stein reibst und so Material abträgst. Auch Formen kannst du so weiter herausarbeiten.

Abb. 4

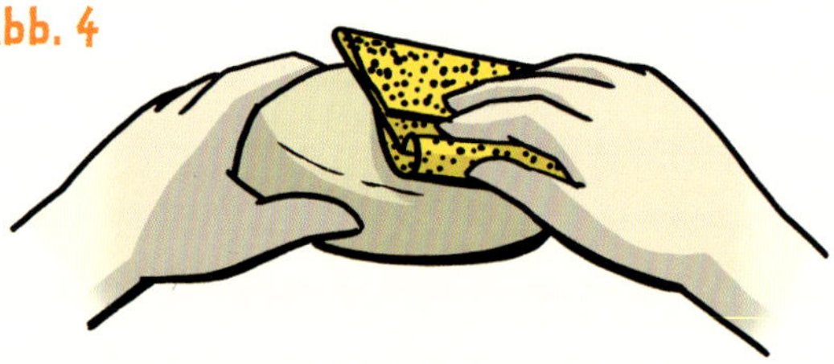

4 Schleifen mit Schleifpapier: Noch weiter glättest du den Stein mit Schleifpapier, dabei arbeitest du stets erst mit Papier in grober, dann in feiner Körnung. Das Schleifpapier zwischendurch immer wieder ausklopfen, damit die Poren nicht verstopfen.

Abb. 5

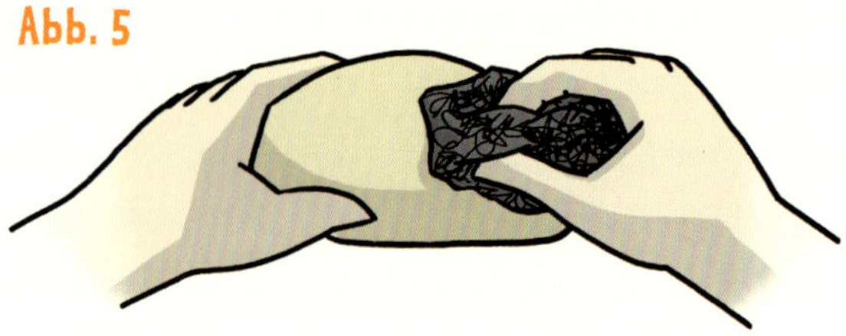

5 Schleifen mit Stahlwolle: Auch mit Stahlwolle kannst du deinen Stein glatt schleifen. Nimm dazu eine kleine Menge, knülle sie zusammen und reibe über die Oberfläche. Du wirst feststellen, dass Stahlwolle besonders bei kleinen, gerundeten Modellen zum Schleifen besser geeignet ist als Schleifpapier.

Hinweis

Dein Stein wird durch Raspeln, Feilen und Schleifen immer wieder ein Stück kleiner. Deshalb solltest du dein Modell stets etwas größer beginnen, als es am Ende sein soll.

6 Schleifen mit Nassschleifpapier: Einige Modelle werden nass geschliffen. Hierzu spülst du den Staub unter fließendem Wasser ab, feuchtest ein Stück Nassschleifpapier an und reibst damit so lange über den nassen Stein, bis eine schmierige Schicht entsteht. Die Oberfläche wird nun extrem glatt, besonders bei härteren Steinen. Spüle den Stein und das Schleifpapier zwischendurch, auf jeden Fall aber nach dem Glätten unter fließendem Wasser ab.

7 Ölen und polieren: Zum Schluss werden die meisten Modelle in diesem Buch geölt und poliert. Vorher wäschst du den Steinstaub gründlich ab und lässt den Stein wieder trocknen. In einen nassen Stein würde das Öl nicht einziehen! Tränke ein kleines Baumwolltuch mit Speckstein- oder Speiseöl und reibe den Stein damit ein. Nach kurzer Zeit ist das Öl in den Stein eingezogen. Du wiederholst das Ölen so oft, bis der Stein gesättigt ist, also kein Öl mehr aufnimmt. Dann polierst du ihn mit einem trockenen, weichen Tuch. Reibe dazu großflächig über den gesamten Stein. Er wird glatt und glänzend, und die Maserung wird besonders gut sichtbar.

Tipp

Sollte ein Stein nach einiger Zeit wieder matt werden, kannst du ihn immer wieder neu ölen und polieren!

Speckstein in vier Bearbeitungsstufen (von links nach rechts): Rohstein, geraspelt, geschliffen, geölt und poliert

Grundkurs 1: Formen aus Rohsteinen

1 Diese kleinen Dickhäuter lassen sich aus faustgroßen, weichen Steinen herausarbeiten (Abb. 1). Rasple dazu die äußere Schicht rundherum ab, bis die Steine keine abstehenden Kanten mehr aufweisen (Abb. 2).

2 Lege grobes Schleifpapier auf eine ebene Unterlage und reibe darauf eine Seite des Steins so lange hin und her, bis du eine gerade Standfläche zugeschliffen hast (Abb. 3).

3 Glätte mit der groben Stahlwolle den restlichen Stein, bis keine Raspelspuren mehr zu sehen sind (Abb. 4).

4 Nun arbeitest du mit den kleinen Feilen die Form des gewünschten Tieres heraus. Dazu feilst du den überschüssigen Stein ab (Abb. 5-7): hinter dem Kopf für den Rücken, die Aussparung unterhalb des Kopfes bei Nashorn und Nilpferd sowie unterhalb des Rüssels beim Elefanten. Die Einkerbungen entlang der Köpfe und an den Beinen sowie das Horn des Nashorns arbeitest du, indem du mit den Feilen nach und nach Stein abträgst.

5 Mit der feinen Stahlwolle glättest du die Figur. Achte aber darauf, die Konturen der Ohren, Köpfe usw. nicht abzuschleifen. Arbeite mit wenig Druck.

6 Zeichne die Augen mit einem weichen Bleistift vor. Sitzen sie an der falschen Stelle, schleifst du die Bleistiftpunkte einfach ab und zeichnest sie neu an. Hast du den perfekten Platz gefunden, feilst du mit der kleinen Rundfeile leichte Vertiefungen ein.

7 Wenn du die Tiere noch nass schleifst, ölst und polierst (siehe Seite 13), tritt die Maserung des Steins besonders schön hervor. In die Vertiefungen der Augen kannst du mit einem feinen Pinsel etwas schwarze Bastelfarbe tupfen.

Tipp

Lege während des Arbeitens immer wieder kleine Pausen ein. Entferne mit einem Pinsel den Steinstaub und betrachte den Stein von allen Seiten. So behältst du den Überblick und feilst keine Stücke ab, die eigentlich erhalten bleiben sollen. Drehe den Stein immer wieder ein Stück, dann ist es auch nicht schwierig, sich um das Horn des Nashorns oder die Ohren des Nilpferdes herumzuarbeiten.

Abb. 1

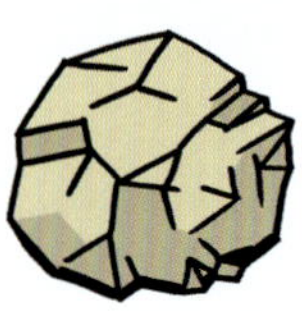

Abb. 2

Abb. 3

Abb. 4

Abb. 5

Abb. 6

Abb. 7

Material

- Speckstein (weich): 3 faustgroße Rohsteine in Braun
- grobe Raspel, gerade Form
- Schleifpapier, 60er Körnung
- kleine Feilen, rund und flach
- Stahlwolle, grob (2) und fein (000)
- Nassschleifpapier, 360er Körnung
- Pinsel zum Entstauben
- Bastelfarbe in Schwarz
- feiner Pinsel
- Specksteinöl
- weiche Baumwolltücher
- weicher Bleistift

Schwierigkeit

**

Grundkurs 2: Formen aus Steinplatten

1 Steinplatten lassen sich wie „Scheiben" von größeren Steinen absägen. Das ist kraft- und zeitaufwändig. Lass dir dabei am besten von einem Erwachsenen helfen. Für diesen Fisch benötigst du eine „Scheibe", die etwa 10 x 12 cm groß ist.

2 Übertrage die Vorlage auf die Steinplatte (siehe Tipp auf Seite 10) und säge den überschüssigen Stein um den Fisch ab (Abb. 1).

3 Dann arbeitest du dich mit den Raspeln zur eigentlichen Fischform vor. Setze die Raspeln dabei immer senkrecht an die äußere Kante des Steins (Abb. 2). Das Fischmaul höhlst du mit der runden Raspel aus, die Außenform arbeitest du mit der geraden oder der leicht gewölbten Raspel heraus.

4 Ist die Außenform fertig, bohrst du mit dem Handbohrer mittig ins Fischauge ein Loch. Dabei ist es wichtig, dass du mit nur wenig Kraft auf den Stein drückst, damit er nicht bricht. Erweitere das Loch mit der kleinen Rundfeile und der Rundraspel, bis es der Größe auf der Vorlage entspricht.

5 Zum Glätten verwendest du feines Schleifpapier, bis keine Raspel- und Sägespuren mehr zu sehen sind. Danach spülst du den Fisch unter fließendem Wasser ab und glättest ihn mit Nassschleifpapier, wie auf Seite 13 beschrieben. Nach dem Trocknen ölst und polierst du den Stein (siehe Seite 13).

6 Für die Aufhängung bohrst du mit dem Handbohrer vorsichtig ein Loch von oben in die Rückenflosse. Arbeite wieder mit ganz wenig Druck, damit der Stein nicht bricht. Auch beim Einschrauben der Öse solltest du sehr behutsam vorgehen. Dreh sie am besten sogar ein- bis zweimal wieder heraus, um den entstandenen Steinstaub aus dem Loch zu klopfen. Du kannst die Öse mit etwas Steinkleber zusätzlich fixieren.

7 Zuletzt ziehst du ein Band durch die Öse und verknotest die Enden. Der Fisch ist recht schwer, hänge ihn also nur an einen stabilen Haken.

Abb. 1

Abb. 2

Tipp

Du kannst auch deinen eigenen Fisch gestalten. Zeichne ihn auf einem Blatt Papier vor und schneide ihn aus. Dann arbeitest du mit dieser Schablone wie beschrieben weiter. Achte immer auf breite Verbindungen, z. B. zwischen dem Bauch und der Schwanzflosse des Fisches. Zu feine Stellen sind sehr bruchgefährdet!

Vorlage 1, Seite 60

Material

- Speckstein (weich): Steinplatte in Braun, 10 x 12 cm, ca. 1,5 cm dick
- Öse, mindestens 1 cm Durchmesser
- Band zum Aufhängen
- Säge
- grobe Raspeln, gerade, gewölbt und rund
- Handbohrer
- kleine Rundfeile
- Schleifpapier, 120er Körnung
- Nassschleifpapier, 360er Körnung
- Pinsel zum Entstauben
- Specksteinöl
- weiche Baumwolltücher
- weicher Bleistift
- Transparentpapier
- Schere

Schwierigkeit

**

Grundkurs 3: Hohlformen

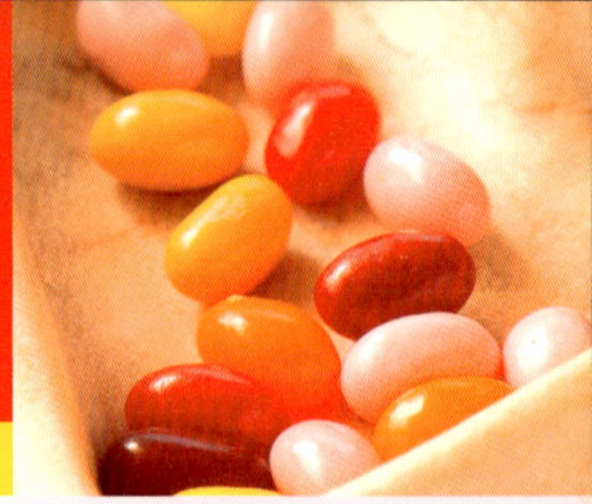

1 Für diese herzförmige Schale überträgst du zunächst die Grundform auf den Stein. Pause dazu die Vorlage mit Transparentpapier ab und schneide das Herz aus. Lege die Schablone auf den Stein und umfahre sie mit einem Bleistift.

2 Die Herzform kannst du nun aussägen und raspeln, wie auf Seite 16 für den Fisch beschrieben. Dabei kannst du die geraden Seiten des Herzens sägen, die Rundungen arbeitest du mit der Raspel heraus.

3 Jetzt zeichnest du die innere Kante der Vertiefung mit etwa 2 cm Abstand von der Außenkante auf eine Seite der Herzplatte (Abb. 1). Die Fläche innerhalb dieser Markierung höhlst du aus. Dabei arbeitest du mit der Ringraspel (Abb. 2). Wichtig ist, dass du sie fest greifst, damit du mit viel Druck sicher arbeiten kannst. Beginne in der Mitte des Herzens, setze die Raspel auf und reibe sie kraftvoll hin und her. Achte darauf, dass du deine aufgezeichnete Linie gerade nicht berührst. Dieser Arbeitsschritt dauert eine Weile. Die Vertiefung sollte am Ende 2 cm tief sein.

4 Einige Stellen, z. B. die untere Spitze des Herzens, kannst du nicht vollständig mit der Ringraspel aushöhlen, dazu ist sie zu breit. Diese arbeitest du mit grobem Schleifpapier nach.

5 Anschließend rundest du alle Kanten mit grobem Schleifpapier ab. Dann wechselst du erst zum feineren Schleifpapier und später zur feinen Stahlwolle, um das komplette Herz zu glätten.

6 Spüle die Schale unter fließendem Wasser ab und lass sie trocknen. Zum Abschluss kannst du sie mit Speiseöl einreiben und polieren. Die Schale ist so auch für Lebensmittel geeignet.

Abb. 1

Abb. 2

Material

- Speckstein (weich): Steinplatte in rötlichem Beige, 17 x 16 cm, ca. 4,5 cm dick
- Säge
- grobe Raspel, gerade Form
- Schleifpapier, 60er und 120er Körnung
- Ringraspel
- Stahlwolle, fein (000)
- Pinsel zum Entstauben
- Speiseöl (z. B. Olivenöl)
- weiche Baumwolltücher
- weicher Bleistift
- Transparentpapier
- Schere

Schwierigkeit

* * *

Vorlage 2, Seite 60

Grundkurs 4: **Metallschablonen**

1 Reagenzglas-Vasen sind als Set aus Rohling und Reagenzglas im Handel erhältlich. Der Stein hat dann bereits eine gerade Standfläche und ist vorgebohrt. Möchtest du deine Vase aus einem ungebohrten Rohstein arbeiten, dann sägst du zuerst eine gerade Standfläche. Sie ist sehr wichtig, die Vase soll ja später stabil stehen. Glätte kleine Unebenheiten, indem du ein Stück Schleifpapier auf eine gerade Unterlage legst und den Stein darauf hin- und herreibst.

2 Die Vertiefung für das Reagenzglas arbeitest du wie folgt: Bohre auf der Oberseite mit dem Handbohrer ein etwa 2 cm tiefes Loch in den Stein, und erweitere es mit der feinen Rundfeile und der runden Raspel auf einen Durchmesser von 2,5 cm. Der Durchmesser der Öffnung sollte um etwa 0,5 cm größer sein als das Reagenzglas. Auch beim Arbeiten mit einem vorgebohrten Rohling musst du das Loch vielleicht etwas erweitern. Später wird diese Vertiefung mit einem zum Ring gelegten Streifen Moosgummi ausgekleidet, in den dann das Glas gesteckt wird. So kann es durch den harten Stein nicht zerkratzt werden.

3 Nun glättest du mindestens eine Seite des Steins – zuerst mit dem groben, dann mit dem feinen Schleifpapier. Da der Kontrast zwischen dem geglätteten und dem roh belassenen Stein sehr reizvoll ist, musst du nicht alle Seiten schleifen.

4 Spüle den Steinstaub unter fließendem Wasser ab und verfeinere die glatte Fläche weiter mit Nassschleifpapier. Nach dem Trocknen ölst und polierst du den Stein (siehe Seite 13).

5 Jetzt arbeitest du die Verzierungen. Lege dazu die Metallschablone auf den Stein und raue ihn mit der Spitze der kleinen Rundfeile innerhalb der Motivumrisse auf. Damit die Schablone nicht verrutscht, kannst du sie mit einem um den Stein gewickelten Gummiband fixieren. Klebestreifen haften auf dem geölten Stein nicht. Halte die Feile beim Gravieren möglichst senkrecht, um exakte Kanten zu erhalten. Fahre erst die Umrisse der Blüte bzw. der Biene nach und fülle dann die Fläche mit kleinen Kratzern aus. Entferne den Staub zwischendurch mit dem Pinsel, damit du siehst, wo du noch nacharbeiten musst.

6 Zum Schluss steckst du einen 6,5 x 1,5 cm großen Moosgummistreifen in die Vertiefung und dahinein das Reagenzglas – so steht es bombenfest.

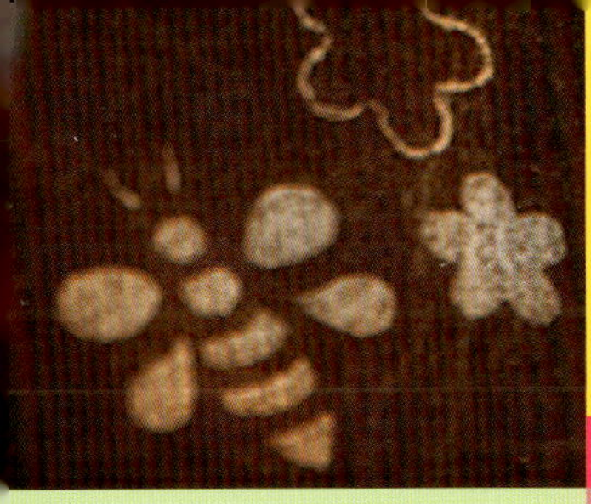

Material

- Speckstein (mittlere Härte): Rohling-Set „Reagenzglas-Blumenvase“ oder 1 Rohstein in Schwarz, ca. 14 x 7 x 7 cm, und 1 Reagenzglas, 2 cm Durchmesser, 12 cm hoch
- Embossingschablone aus Metall: „Blüten und Bienen“
- Moosgummi in Schwarz, 6,5 x 1,5 cm
- kleine Feile, rund
- Schleifpapier, 60er und 120er Körnung
- Nassschleifpapier, 360er Körnung
- Pinsel zum Entstauben
- Specksteinöl
- weiche Baumwolltücher
- **beim Arbeiten ohne Rohling-Set zusätzlich:** Säge, Handbohrer, grobe runde Raspel

Schwierigkeit
*

Grundkurs 5: Einfärben

1 Zuerst schleifst du deinen Rohstein rundum glatt. Entferne alle Ecken und Kanten, bis du eine flache, ovale Grundform vor dir hast.

2 Lege ein Stück Schleifpapier auf eine gerade Unterlage und darauf den Stein. Reibe ihn einige Male hin und her. Auf diese Weise erhält dein Käfer eine gerade Unterseite.

3 Feile nun mit der dreieckigen Feile eine Rille als Trennung zwischen Kopf und Flügeln des Käfers quer über die Oberseite des Steins. Das Flügelpaar trennst du mit einer weiteren Rille.

4 Glätte die gesamte Form mit dem feinen Schleifpapier. Runde auch den Übergang der Querrille nach vorne zum Kopf hin ab.

5 Den breiten, lachenden Mund feilst du wieder mit der dreieckigen Feile ein. Dazu in der Mitte etwas fester, zu den Rändern hin immer weniger aufdrücken und die Feile in einem leichten Bogen über den Stein bewegen. Die Vertiefungen der Augen arbeitest du mit der kleinen Rundfeile mittig über dem Mund.

6 Glätte den Käfer sorgfältig mit feiner Stahlwolle, bis keine Schleifspuren mehr erkennbar sind. Spüle ihn unter fließendem Wasser ab und lass ihn trocknen. Wichtig ist es hierbei, die Oberfläche nicht noch weiter mit Nassschleifpapier zu glätten, da sie zu sehr verdichtet würde und keine Farbe mehr aufnehmen könnte. Die Farbe soll aber beim Einfärben von Flächen in den Stein einziehen.

7 Nach dem Trocknen – das ist wichtig, da die Farbe sonst ausläuft – pinselst du leicht mit Wasser verdünnte, flüssige Acrylfarbe in Rot auf die Flügel. Lass die Farbe eintrocknen und füge eine zweite und dritte Farbschicht hinzu, bis das Rot intensiv leuchtet. Da die Farbe einzieht und nicht auf dem Stein bleibt, wirkt sie durchsichtig. In die Vertiefungen von Augen und Mund tupfst du etwas dunkelbraune Farbe.

8 Ist die Farbe getrocknet, kannst du den Käfer mit Specksteinöl tränken und polieren. Beachte die Reihenfolge: Der Stein lässt sich nur vor dem Ölen einfärben!

9 Für die Fühler bohrst du mit dem Handbohrer zwei feine Löcher an der Oberkante des Kopfes in den Stein, biegst mit einer Schmuckzange je ein Ende der Drahtstücke zum Ring und steckst die geraden Enden mit einem winzigen Tropfen Specksteinkleber in die Löcher.

Material

- Speckstein (weich): Rohstein in Braun, ca. 8 x 7 x 3 cm
- Messingdraht, 2-mal 6 cm
- Schleifpapier, 60er und 120er Körnung
- Stahlwolle, fein (000)
- kleine Feilen, dreieckig und rund
- Handbohrer
- Schmuckzange
- Pinsel zum Entstauben
- Specksteinöl
- weiches Baumwolltuch
- flüssige Acrylfarbe in Rot
- Pinsel
- Specksteinkleber

Schwierigkeit
*

Vergiss-nix-Freunde

1 Diese lustigen Magnetgesichter lassen sich aus allen möglichen Reststücken arbeiten. Wenn du einen größeren Stein zusägst, fallen oft viele geeignete Stücke ab. Meist haben diese auch schon eine gerade Sägefläche, die du als Rückseite verwenden kannst. Steinstücke, die keine gerade Fläche haben, schleifst du zunächst auf einer Seite mit einer Feile oder mit Schleifpapier gerade ab. Glätte auch die andere Seite, sodass keine groben Bruchkanten mehr zu sehen sind.

2 Jetzt malst du die Gesichter auf der Vorderseite mit einem weichen Bleistift vor. Die Konturen werden später abgeschliffen und sind dann nicht mehr zu sehen – aber zunächst erleichtern sie dir zu entscheiden, an welchen Stellen du Stein abschleifen musst. Übertrage die Vorlagen auf den Speckstein oder male deine eigenen Kopfformen auf.

3 Kleine Steine gestaltest du am besten mit kleinen Feilen. Arbeite mit wenig Druck, um nur den Stein abzutragen, der überflüssig ist. Zuerst feilst du die Umrisse aus dem Stein heraus, dann deutest du den Haaransatz an.

4 Glätte die Gesichter mit feiner Stahlwolle und spüle danach den Steinstaub unter fließendem Wasser ab. Nach dem Trocknen ölst und polierst du nur die Haare. Dazu tauchst du die Ecke eines kleinen Baumwolltuchs in das Specksteinöl und reibst über die Fläche der Haare ohne die Gesichtsfläche zu berühren. Wiederhole das Ölen, bis der Stein an dieser Stelle gesättigt ist und das Öl nicht mehr einzieht. Danach polierst du die Haare mit einem trockenen, weichen Tuch. Der Stein ist hier nun dunkler als die unpolierten Gesichter.

5 Mit schwarzer Bastelfarbe und einem feinen Pinsel malst du Augen, Nase und Mund auf. Tupfe nach dem Trocknen der schwarzen Farbe noch einen winzigen weißen Punkt in die linke, obere Ecke der Augen, dann wirken deine Gesichter noch lebendiger. Zuletzt klebst du mit Specksteinkleber auf die Rückseiten der Steine die kleinen Magnete.

Tipp

Schau dir deine Familie genau an und zeichne kleine Porträts. Achte dabei besonders auf die unterschiedlichen Kopfformen und Frisuren. Nimm diese Zeichnungen als Vorlagen für deine Magnete und hefte sie mit einer persönlichen Nachricht für jeden an eine Metallfläche.

Vorlage 3, Seite 61

Material

- Speckstein (mittlere Härte): flache Stücke in verschiedenen Farben, Kantenlänge je ca. 4-5 cm
- Magnete, 13 mm Durchmesser
- kleine Feilen
- Schleifpapier, 120er Körnung
- Stahlwolle, fein (000)
- Pinsel zum Entstauben
- Specksteinöl
- weiches Baumwolltuch
- Bastelfarbe in Schwarz und Weiß
- feiner Pinsel
- Specksteinkleber

Schwierigkeit

*

Glücksschweinchen

1 Ein Glücksschwein kannst du auch ohne Vorkenntnisse ganz einfach selbst anfertigen, da es dafür im Bastelfachhandel vorgefertigte Rohlinge gibt. Die Grundform ist schon aus dem Stein geschnitten, und du musst sie nur noch verfeinern und glätten.

2 Meist weisen die Rohlinge einige Ecken und Sägekanten auf, die du zuerst glatt schleifen solltest. Du kannst hierfür direkt mit grobem Schleifpapier arbeiten. Achte beim Glätten darauf, an den Ohren nicht zu viel Stein abzuschleifen. Glätte als Erstes die Außenseiten des Kopfes. Falte dann ein Stück Schleifpapier mehrfach und feile mit der Kante die Vertiefung zwischen den Ohren (Abb. 1).

3 Für das Ringelschwänzchen zeichnest du dir einen Kreis von etwa 1,5 cm Durchmesser auf das Hinterteil des Schweins und schleifst rundherum etwa 2 bis 3 mm Stein ab. Der Kreis bleibt erhaben stehen.

4 Um die Vorderbeine von den Hinterbeinen zu trennen, verwendest du die flache Feile und arbeitest eine leichte Vertiefung von unten mittig in die Standfläche des Steins (Abb. 2). Mit der Rundfeile kannst du durch eine leichte Vertiefung von vorne und hinten die Trennung der rechten und linken Beine andeuten.

5 Glätte nun den gesamten Stein – erst mit feinem Schleifpapier, dann mit Stahlwolle. Runde dabei auch die Kanten des Kreises für das Ringelschwänzchen ab. Das arbeitest du mit der Spitze der Rundfeile aus, indem du eine Spirale hineinritzt (Abb. 3).

6 Spüle den Steinstaub ab, lass das Schweinchen trocknen. Dann ölst und polierst du es, wie auf Seite 13 beschrieben.

7 Mit dem feinen Pinsel und schwarzer Farbe malst du kleine Punkte als Augen auf. Setze noch einen winzigen weißen Punkt nah am Rand oben ins Auge, dann wirkt dein Schweinchen besonders lebendig.

Abb. 1

Abb. 2

Abb. 3

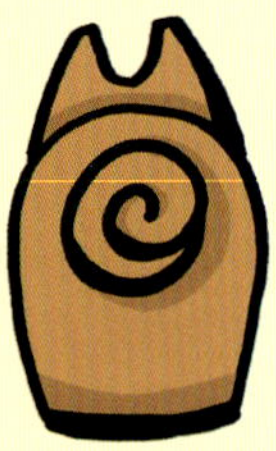

Material

- Speckstein (mittlere Härte): 2 Rohlinge „Schwein" in Brauntönen, ca. 3,5 x 9,5 x 5,5 cm
- Schleifpapier, 60er und 120er Körnung
- kleine Feilen, flach und rund
- Stahlwolle, fein (000)
- Pinsel zum Entstauben
- Specksteinöl
- weiches Baumwolltuch
- Bastelfarbe in Schwarz und Weiß
- feiner Pinsel

Schwierigkeit

*

Blütenanhänger

1 Die vier Blütenformen werden jeweils aus einem Donut-Rohling, einer Scheibe mit Loch, gefertigt. Vergrößere zunächst mit der kleinen runden Feile ein wenig das Loch in der Mitte des Rohlings.

2 Jetzt feilst du ebenfalls mit der runden Feile von außen gleichmäßig verteilt sechs Rillen in den Stein (siehe Foto).

3 Für die erste Blütenform zeichnest du einen etwa 0,5 mm breiten Rand von der Außenkante aus. Anschließend feilst du mit der Vorderkante der flachen Feile die Fläche im Inneren etwa 2 mm ab, sodass der äußere Rand erhaben stehen bleibt.

4 Für die zweite Blütenform verbindest du – jeweils auf Vorder- und Rückseite – mit der runden Feile die gegenüberliegenden Rillen durch weitere Vertiefungen quer über den Stein (siehe Foto).

5 Die dritte Blütenform erhältst du, wenn du die Rillen auf der Vorder- und Rückseite zwischen den Rillen des Randes einarbeitest und anschließend die Übergänge am Rand abrundest.

6 Für die vierte Blütenform zeichnest du mit einem weichen Bleistift eine Kreislinie um das mittige Loch im Rohling. Etwa 0,5 cm sollte der Rand innen breit sein. Mit der flachen Feile schleifst du nun sowohl auf der Vorder- als auch auf der Rückseite etwa 2 mm Stein vollflächig ab, sodass nur ein erhabener Rand um das Loch stehen bleibt. Die Übergänge der Rillen am äußeren Rand rundest du ab.

7 Zum Schluss glättest du deine Blütenform mit der feinen Stahlwolle. Spüle sie unter fließendem Wasser ab und lass sie trocknen. Dann tränkst du sie mit Speiseöl und polierst sie mit einem weichen Tuch (siehe Seite 13). Speiseöl ist in diesem Fall besser geeignet als Specksteinöl, da du den Blütenschmuck vielleicht direkt auf der Haut tragen möchtest.

Material

- Speckstein (mittlere Härte): je 1 Donut-Rohling in Rosa, ca. 3,5 cm Durchmesser
- kleine Feilen, flach und rund
- Stahlwolle, fein (000)
- Pinsel zum Entstauben
- Speiseöl (z. B. Olivenöl)
- weiches Baumwolltuch
- weicher Bleistift

Schwierigkeit

*

Wir kommen vom Lande

1 Zuerst überträgst du die Grundform des gewünschten Tieres auf den Stein. Pause dazu die Vorlage mit Transparentpapier ab und schneide die Form aus. Lege die Schablone auf den Stein und umfahre sie mit einem Bleistift.

2 Mit der Säge kannst du nun größere überschüssige Flächen absägen. Anschließend arbeitest du dich mit den Raspeln zur eigentlichen Form vor. Setze die Raspeln dabei immer senkrecht an der äußeren Kante des Steins an.

3 Bist du mit der äußeren Form fertig, nimmst du die kleine Rundfeile und arbeitest zwischen den Ohren des Esels bzw. zwischen den Hörnern der Kuh mittig von oben eine Vertiefung ein. Mähne und Schweif des Esels bzw. Schwanz und Euter der Kuh arbeitest du heraus, indem du mit der flachen Feile von beiden Seiten jeweils etwa 5 mm abfeilst.

4 Zum Glätten verwendest du nun das feine Schleifpapier, bis keine Raspel- und Sägespuren mehr auf der Oberfläche sichtbar sind. Anschließend spülst du die Tiere unter fließendem Wasser ab und glättest sie mit Nassschleifpapier, wie auf Seite 13 beschrieben. Tränke Esel und Kuh nach dem Trocknen mit Specksteinöl und poliere sie mit einem weichen Tuch.

5 Zum Schluss ritzt du mit der Spitze der kleinen Rundfeile kleine Kreuze als Augen in den Stein. Die Flecken der Kuh kannst du durch großflächiges Ritzen in den Stein gravieren, das geht ganz ähnlich wie das Schraffieren mit einem Bleistift.

Material

- Speckstein (mittlere Härte): je 1 Würfel in Schwarz und Braun, ca. 6 x 7 x 3 cm
- Raspeln, flach und rund
- kleine Feilen, flach und rund
- Schleifpapier, 120er Körnung
- Nassschleifpapier, 360er Körnung
- Pinsel zum Entstauben
- Specksteinöl
- weiche Baumwolltücher
- weicher Bleistift
- Transparentpapier
- Schere

Schwierigkeit

**

Vorlage 4, Seite 60

„In Stein gemeißelt“

1 Glätte deinen Stein rundum - zuerst mit grobem Schleifpapier, dann mit grober und schließlich mit feiner Stahlwolle. Spüle den Steinstaub unter fließendem Wasser ab und lass den Stein trocknen.

2 Tränke nun ein kleines weiches Baumwolltuch mit Specksteinöl und reibe es gleichmäßig auf den Stein. Ist das Öl in den Stein eingezogen, musst du diesen Schritt wiederholen - wahrscheinlich sogar mehrmals. Wie viel Öl der Stein aufnimmt, hängt einerseits davon ab, wie glatt die Oberfläche ist, andererseits davon, wie hart dein Stein ist. Je weicher der Stein, desto grobporiger ist er und umso mehr Öl wird einziehen.

3 Ist der Stein mit Öl gesättigt, kannst du ihn mit einem trockenen weichen Tuch polieren. Die Oberfläche wird hierdurch glänzend und die Maserung des Steins kommt besonders gut zur Geltung.

4 Jetzt kannst du den Namen eingravieren. Lege dazu die Metallschablone auf den Stein und achte darauf, dass sie während der Arbeit nicht verrutscht. Fixiere sie eventuell mit einem um den Stein gewickelten Gummiband. Verwende zum Gravieren eine kleine Rundfeile. Halte sie möglichst senkrecht, um exakte Kanten zu erhalten. Umfahre zuerst die Konturen und fülle anschließend die Fläche mit kleinen Kratzern aus. Den Staub entfernst du zwischendurch mit dem Pinsel, damit du siehst, wo du noch nacharbeiten musst. Arbeite immer einen Buchstaben nach dem anderen.

Tipp

Diese Steine kannst du als Namensschilder und Tischdekoration oder als kleines Freundschaftsgeschenk verwenden. Nimm möglichst dunkle Steine. Der Kontrast zwischen geöltem, poliertem Stein und hellerer Gravur kommt dann besonders gut zur Geltung.

Material

- Speckstein (mittlere Härte): Rohstein in einem möglichst dunklen Ton, ca. 10 x 5 x 4 cm
- Embossingschablonen aus Metall: „Buchstaben" und „Pferde"
- Schleifpapier, 60er Körnung
- Stahlwolle, grob (2) und fein (000)
- kleine Rundfeile
- Specksteinöl
- weiche Baumwolltücher
- Pinsel zum Entstauben

Schwierigkeit

*

Finchen, das Delfinchen

1 Für diesen Delfin benötigst du eine weiche Steinplatte. Sie sollte 5 cm dick sein, da die Schwanzflosse 5 cm breit und die Spitzen der beiden Bauchflossen ebenfalls 5 cm voneinander entfernt sind. Rasple zunächst rundherum alle Bruchkanten glatt. Der Stein sollte nun mindestens noch 14 cm lang (Schwanzflosse bis Nasenspitze) und 8,5 cm hoch sein (Abb. 1).

2 Jetzt überträgst du die Grundform auf den Stein. Pause die Vorlage mit Transparentpapier ab und schneide die Form aus. Lege die Schablone auf den Stein und umfahre sie mit einem Bleistift. Zeichne den Umriss spiegelverkehrt auf die gegenüberliegende Seite des Steins, so sind die Umrisse parallel zueinander.

3 Der Vorteil der Vorzeichnung auf beiden Steinseiten ist, dass du beim Absägen und Raspeln der überschüssigen Stücke leichter den rechten Winkel zwischen beiden Seiten einhalten kannst. Arbeite entsprechend zuerst die Außenkontur aus dem Stein. Dazu sägst du die großen Stücke über Rücken und Kopf weg – achte aber darauf, ausreichend Stein für die Rückenflosse stehen zu lassen. Dann schleifst du die Rundungen und Konturen am Bauch mit den Raspeln ab.

4 Die gesamte Fläche, die über der Schwanz- und den Bauchflossen liegt, schleifst du von beiden Seiten etwa 1 cm ab (Abb. 2). Nach hinten trägst du etwas mehr Stein ab, da Kopf und Bauch des Delfins dicker sein sollen, als der Übergang vom Bauch zur Schwanzflosse. Die Rückenflosse schleifst du von beiden Seiten noch etwas schmaler.

5 Runde mit grobem Schleifpapier alle Kanten ab. Besonders der Bauch des Delfins sollte eine runde Form erhalten. Wechsle von grobem zu feinem Schleifpapier – und später zu feiner Stahlwolle.

6 Für die Augen zeichnest du mit dem Bleistift kleine Punkte vor und arbeitest dann mit der Spitze der kleinen Rundfeile leichte Vertiefungen in den Stein.

7 Wasche den Steinstaub unter fließendem Wasser ab und lass den Delfin trocknen. Zuletzt ölst und polierst du ihn, wie auf der Seite 13 beschrieben.

Abb. 1

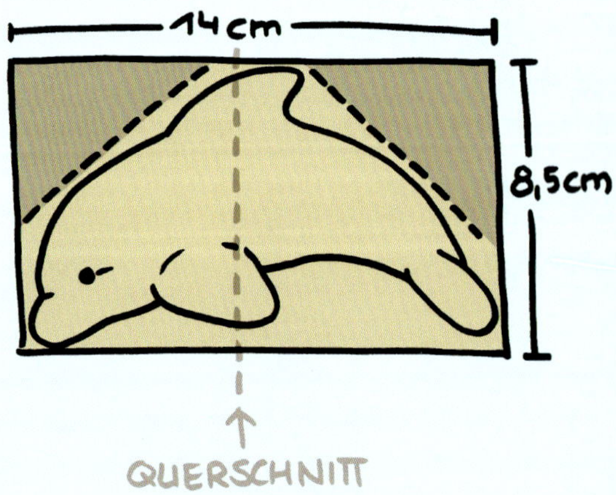

Abb. 2

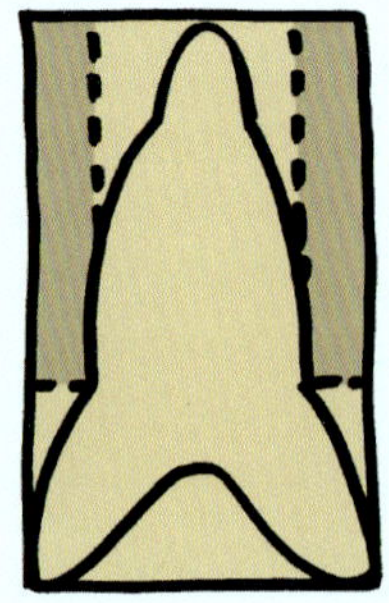

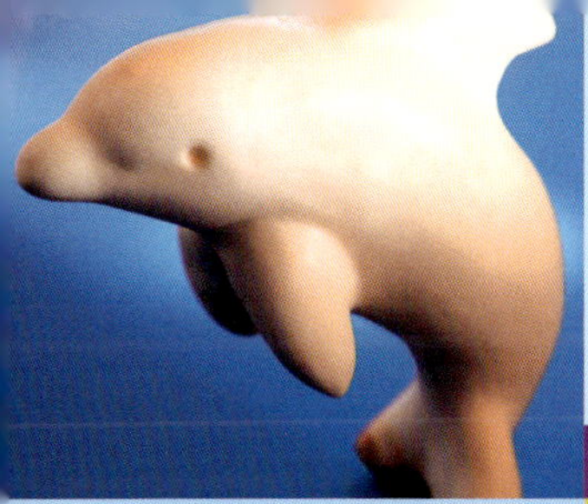

Vorlage 5, Seite 61

Material

- Speckstein (weich): Steinplatte in Weiß, mindestens 14 x 8,5 cm, 5 cm dick
- Säge
- Raspeln, flach, gewölbt und rund
- Schleifpapier, 60er und 120er Körnung
- Stahlwolle, fein (000)
- kleine Rundfeile
- Pinsel zum Entstauben
- Specksteinöl
- weiche Baumwolltücher
- weicher Bleistift
- Transparentpapier
- Schere

Schwierigkeit

****

Vom anderen Stern

1 Ein Ufo aus Speckstein ist leicht zu arbeiten. Es gibt so viele verschiedene Modelle und Bauarten, dass du dich dabei einfach an der Form des Steins orientieren kannst. Verwende einen relativ flachen Stein, damit das Ufo eine schnittige, sportliche Form bekommt.

2 Die Unterseite und auch die Rückseite dieses Flugobjekts sind völlig unbehandelt belassen. Für die Pilotenkabine im vorderen Teil kannst du von beiden Seiten gerade Flächen absägen, damit du eine Spitze erhältst. Um eine annähernd symmetrische Form zu erreichen, kann es nötig sein, im hinteren Bereich mit Säge oder Raspel kleinere Flächen zu entfernen.

3 Alle gesägten und geraspelten Flächen glättest du anschließend mit feinem Schleifpapier und Stahlwolle. Die Bruchkanten lässt du einfach so, wie sie sind. Der Kontrast zwischen glatten und unbearbeiteten Flächen wirkt besonders fremdartig.

4 Damit es „fliegt", steckst du dein Ufo auf einen Stab. Dazu musst du auf der Unterseite ein Loch einbohren. Verwende dazu einen kleinen Handbohrer und bohre vorsichtig leicht schräg von vorne nach hinten ein etwa 2 cm tiefes Loch in den Stein. Erweitere es mit der Rundfeile so weit, dass der Stab hineinpasst. Das fertige Ufo kannst du mit etwas Specksteinkleber darauf fixieren.

5 Spüle nun den Stein unter fließendem Wasser ab und lass ihn trocknen. Reibe ihn mehrmals mit einem in Specksteinöl getränkten Tuch ein, bis das Öl nicht mehr einzieht. Dann polierst du ihn mit einem trockenen, weichen Tuch.

6 Mit der Spitze einer kleinen Rundfeile kannst du nun noch Verzierungen oder Details eingravieren, z. B. ein dreieckiges Sichtfenster im Cockpit oder die Modellbezeichnung am Heck. Hier kannst du auch die Anfangsbuchstaben deines Namens als Signatur einarbeiten.

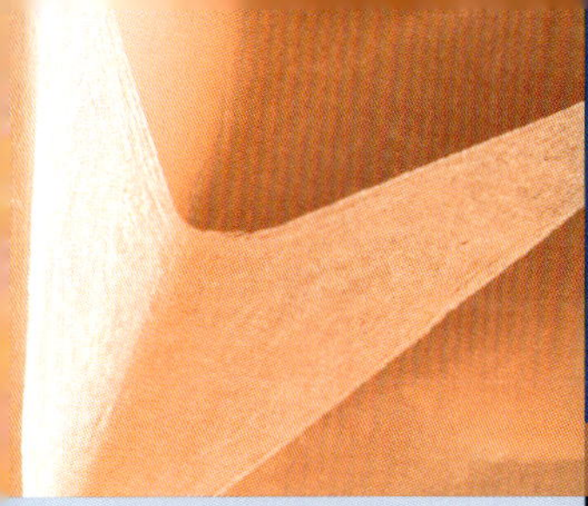

Material

- Speckstein (mittlere Härte): Rohstein, in Honigbraun, ca. 14 x 14 x 4,5 cm
- Aluminium- oder Holzstab, ca. 6 mm Durchmesser, ca. 40 cm lang
- Säge
- Raspeln, flach und gewölbt
- Schleifpapier, 120er Körnung
- Stahlwolle, fein (000)
- Handbohrer
- kleine Rundfeile
- Pinsel zum Entstauben
- Specksteinöl
- weiche Baumwolltücher
- Specksteinkleber

Schwierigkeit

*

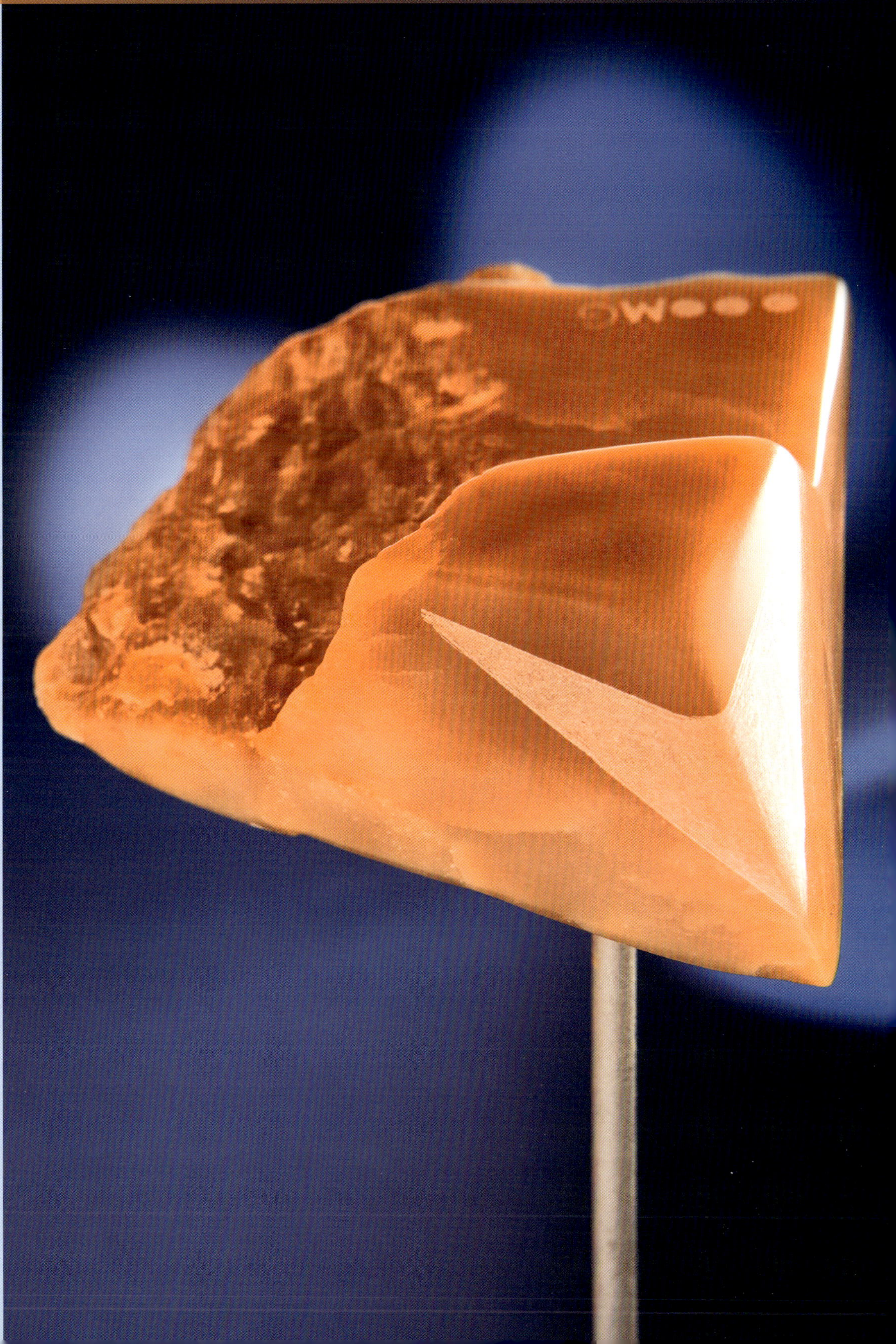

Ordnungsstifter

1 Säge zuerst eine gerade Fläche als Standfläche von jedem der beiden Steine. Danach sägst du auch vorne und hinten jeweils eine dünne Scheibe vom Stein. Alle drei Sägekanten glättest du, indem du ein Stück grobes Schleifpapier auf eine gerade Unterlage (z. B. ein Holzbrett) legst und nacheinander jede Seite darauf hin- und herreibst, bis keine Sägespuren mehr sichtbar sind. Wiederhole diesen Arbeitsschritt mit dem feineren Schleifpapier.

2 In den kleineren Stein für den Zettelhalter sägst du von oben, etwa bis zur Hälfte, einen geraden Schlitz. Mit einem zur Hälfte gefalteten Stück Schleifpapier glättest du die Innenseiten des Schlitzes, damit später das eingesteckte Papier nicht zerkratzt. Je nachdem wie viele Zettel du einstecken möchtest - einzelne Nachrichten oder einen ganzen Stapel als Vorrat -, kannst du auf diese Weise den Schlitz auch verbreitern.

3 In den größeren Stein für den Stiftehalter bohrst du mit dem kleinen Handbohrer drei etwa 3 cm tiefe Löcher. Mit einer kleinen Rundfeile vergrößerst du sie auf etwa 8 bis 12 mm, sodass Stifte hineinpassen. Du kannst zum Vergrößern des Loches auch ein Stück aufgerolltes Schleifpapier hineinstecken und hin- und herdrehen.

4 Die fertigen Steine reinigst du unter fließendem Wasser. Lass sie trocknen, dann kannst du sie ölen und polieren, wie auf Seite 13 beschrieben.

Tipp

Im Bastelfachhandel sind auch bereits vorgebohrte Specksteine für Stiftehalter erhältlich. Damit entfallen die aufwändigsten Arbeitsschritte (Zusägen und Löcherbohren), und das Modell ist noch einfacher nachzuarbeiten!

Material

Für beide Modelle

- Säge
- kleine Rundfeile
- Schleifpapier, 60er und 120er Körnung
- Pinsel zum Entstauben
- Specksteinöl
- weiches Baumwolltuch

Zettelhalter

- Speckstein (weich): Rohstein in Hellbraun, 10 x 5 x 5 cm

Stiftehalter

- Speckstein (weich): Rohstein in Hellbraun, 12 x 7 x 7 cm
- Handbohrer

Schwierigkeit

**

Steinstarker Flitzer

1 Zuerst überträgst du die Grundform auf den Stein. Pause dazu die Vorlage mit Transparentpapier ab und schneide die Form aus. Lege die Schablone auf eine lange Seite der Steinplatte und umfahre sie mit einem Bleistift. Zeichne den Umriss spiegelverkehrt auf die gegenüberliegende Seite des Steins, damit die Umrisse genau parallel zueinander sind. Dazu drehst du die Schablone einfach um.

2 Nun sägst du den überschüssigen Stein über der Motorhaube und dem Dach ab. Anschließend arbeitest du dich mit der Raspel zur eigentlichen Form vor. Setze die Raspeln dabei immer senkrecht an die äußere Kante des Steins. Die aufgemalten Umrisse auf beiden Seiten helfen dir, den rechten Winkel einzuhalten.

3 Ist die Außenform fertig, verwende kleine Feilen und kleine, gefaltete Stücke groben Schleifpapiers, um die Feinheiten auszuarbeiten. Zeichne dir hierzu zuerst die Umrisse der Räder und der umlaufenden „Stoßstange" auf. Damit die „Stoßstange" erhaben stehen bleibt, schleifst du jetzt sowohl die komplette Fläche darüber als auch die Räder um mindestens 5 mm ab. Nun kannst du die Frontscheibe aufmalen und diese Fläche sowie die kleineren Kreise in den Reifen ebenfalls einige Millimeter abschleifen. Wiederhole diese Arbeitsschritte auf der gegenüberliegenden Seite.

4 Glätte anschließend die Oberfläche mit feinem Schleifpapier und feiner Stahlwolle, bis keine Raspel- und Sägespuren mehr zu sehen sind. Runde zudem alle Kanten etwas ab. Spüle den Stein unter fließendem Wasser ab.

5 Den getrockneten Stein kannst du nun mit flüssiger Acrylfarbe einfärben (siehe Grundkurs 5: Einfärben, Seite 22), z. B. die „Karosserie" in Rot, die Reifen in Braun. Ist die Farbe getrocknet, ölst und polierst du dein Auto (siehe Seite 13).

Tipp

Mach immer wieder kleine Pausen. Entferne den Steinstaub und betrachte den Stein von allen Seiten. So behältst du den Überblick und feilst nicht versehentlich etwas ab, was eigentlich erhalten bleiben soll.

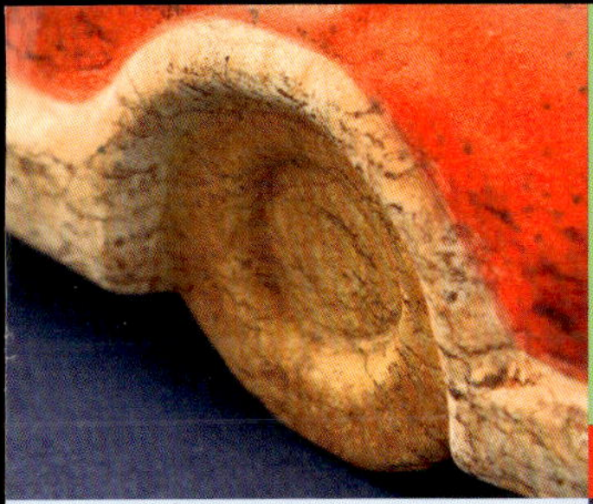

Vorlage 6, Seite 61

Material

- Speckstein (weich): 1 Quader in Braun, ca. 14 x 7 x 7 cm
- Raspel, flach
- kleine Feilen, flach und rund
- Schleifpapier, 60er und 120er Körnung
- Stahlwolle, fein (000)
- Pinsel zum Entstauben
- flüssige Acrylfarbe in Rot und Hellbraun
- Pinsel
- Specksteinöl
- weiche Baumwolltücher
- weicher Bleistift
- Transparentpapier
- Schere

Schwierigkeit

***

Mit Speck fängt man Mäuse

1 Mit Speck fängt man Mäuse - und aus Speckstein kannst du diese Mäuschen nacharbeiten. Für ein Mäuschen raspelst du zuerst die äußere Schicht der Rohsteine komplett ab. Es sollten keine Bruchkanten und Risse zu sehen sein.

2 Schau dir den Stein genau an: Läuft er an einer Seite spitz zu? Das wird die Nase. Ist ein Ende runder als der Rest? Das wird der Körper. Ob deine Maus am Ende nach oben schaut oder flach auf dem Boden liegt, hängt also zum Teil schon von der Form deines Steins ab.

3 Nun legst du grobes Schleifpapier auf eine gerade Unterlage und reibst den Stein auf dem Schleifpapier hin und her. So bekommt das Mäuschen eine gerade Unterseite. Klopfe das Schleifpapier zwischendurch immer wieder aus, um den Steinstaub zu entfernen, der sonst die Poren des Papiers verstopft.

4 Arbeite jetzt zuerst mit dem groben, dann mit dem feinen Schleifpapier die Form heraus: das Hinterteil schön kugelrund, den Kopf eher spitz. Die fertige Form mit feiner Stahlwolle weiter glätten.

5 Für Ohren und Schwänzchen bohrst du mit dem Handbohrer kleine, etwa 5 mm tiefe Löcher in den Stein. Für die Augen malst du mit einem weichen Bleistift Punkte vor. Sitzen sie an der falschen Stelle, schleifst du die Punkte einfach noch einmal ab und zeichnest sie neu an. Hast du den perfekten Platz gefunden, schleifst du mit der kleinen Rundfeile leichte Vertiefungen ein.

6 Wasch den Steinstaub unter fließendem Wasser ab und lass den Stein trocknen. Danach ölst und polierst du ihn (siehe Seite 13).

7 Pro Maus überträgst du mithilfe von Transparentpapier zweimal die Vorlage für die Ohren auf Moosgummi und schneidest sie aus. Dann klebst du Moosgummi-Ohren und Lederband-Schwänzchen in die jeweiligen Löcher. Die Ohren dazu am unteren Ende nach vorne zusammenfalten. Mit einem Tupfen schwarzer Farbe in den Vertiefungen der Augen wirken die Mäuschen noch lebendiger.

Vorlage 7, Seite 60

Material

- Speckstein (weich): 2 Rohsteine in Braun, ca. 5 x 5 x 9 cm
- Lederband, 2-mal 15 cm
- Moosgummi in Braun, 5 x 5 cm
- Raspel, gewölbt
- Schleifpapier, 60er und 120er Körnung
- Stahlwolle, fein (000)
- Handbohrer
- kleine Rundfeile
- Pinsel zum Entstauben
- Specksteinöl
- weiche Baumwolltücher
- Bastelfarbe in Schwarz
- feiner Pinsel
- Specksteinkleber oder Bastelkleber

Schwierigkeit

**

Streifenschmuck

1 Glätte zuerst alle Specksteinquader von allen Seiten. Lege dazu ein Stück grobes Schleifpapier auf einen ebenen Untergrund (z. B. ein Holzbrett), und reibe jede Seite so lange darauf hin und her, bis keine Risse oder Sägespuren mehr zu sehen sind. Achte beim Schleifen darauf, möglichst rechte Winkel zu erhalten, und wiederhole den Arbeitsschritt anschließend mit feinem Schleifpapier.

2 Klebe die vier Quader mit Specksteinkleber nebeneinander. Der gestreifte Quader ist etwa 5 x 5 x 2,5 cm groß. Lass den Kleber einen Tag aushärten.

3 Säge nun vom Quader knapp 1 cm dicke Scheiben ab. Danach rundest du alle Kanten mit feinem Schleifpapier ab. Die Scheiben für die Ringe schleifst du in Mandelform zu. In die Anhänger bohrst du mit dem Handbohrer ein oder zwei kleine Löcher, damit du sie später aufziehen kannst.

4 Spüle alle Stücke unter fließendem Wasser ab. Nach dem Trocknen ölst und polierst du sie (siehe auch Seite 13). Speiseöl ist in diesem Fall besser geeignet als lösungsmittelhaltiges Steinöl, da der Schmuck vielleicht direkt auf der Haut getragen werden soll.

5 Zuletzt klebst du die mandelförmigen Plättchen auf die Ring-Rohlinge und ziehst die Lederbändchen durch die Löcher der Anhänger. Lass den Kleber wieder einen Tag aushärten, dann kannst du den Schmuck tragen.

Material

- Speckstein (mittlere Härte): je 1 Quader in Hellgrün, Rosa, Schwarz und Braun, 5 x 1,5 x 2,5 cm
- 2 Lederbänder
- 2 Ringe mit runder Platine (Rohlinge)
- Säge
- Handbohrer
- Schleifpapier, 60er und 120er Körnung
- Nassschleifpapier, 360er Körnung
- Pinsel zum Entstauben
- Speiseöl
- weiche Baumwolltücher
- Specksteinkleber

Schwierigkeit

***

Schatzhüter

1 Rasple alle vier Kanten des Quaders ab, bis du eine runde Grundform hast. Das erfordert etwas Geduld. Betrachte deinen Stein immer wieder von allen Seiten, damit du nicht auf einer Seite zu viel Stein abträgst. Dann glättest du die Grundform erst mit grobem, dann mit feinem Schleifpapier. Danach feilst du mit der geraden Feile eine 1,5 cm breite Kerbe in den Stein: quer über die obere Fläche, senkrecht an beiden Seiten nach unten und unten wieder quer über die Fläche. Die Kerbe sollte mindestens 3 mm tief sein, unten sogar etwas tiefer.

2 Säge nun eine 3 cm dicke Scheibe des Steins ab. Das wird der Deckel deiner Spardose. In den Deckel bohrst du mit dem Handbohrer mittig in der Kerbe ein Loch, das du anschließend mit den Feilen zu einem 1 cm breiten und 3 cm langen Münzschlitz erweiterst.

3 Das Unterteil der Spardose höhlst du aus. Zeichne dir dazu eine Hilfslinie in 1 cm Abstand zum äußeren Rand oben auf den Stein und höhle das Innere mit der Ringraspel aus (siehe auch Grundkurs 3: Hohlformen, Seite 18).

4 Nun glättest du beide Teile mit feiner Stahlwolle, spülst sie anschließend ab und lässt sie trocknen. Danach ölst und polierst du den Stein (siehe Seite 13).

5 Für den eingravierten Drachen paust du die Vorlage mit Transparentpapier ab und schneidest den Umriss mit einer feinen Papierschere aus. Mit dieser Schablone überträgst du den Drachen mit einem weichen Bleistift auf den Stein. Raue nun mit einer kleinen Rundfeile alle Flächen des Drachens auf. Sie erscheinen dann heller als der polierte Stein.

6 Ziehe die beiden Textilbänder durch den Münzschlitz und führe sie, eines nach rechts, eines nach links, zur Seite. Die obere Bandhälfte liegt in der Vertiefung, die untere läuft parallel dazu unterhalb des Deckels nach außen. Setze den Deckel auf das Unterteil und führe die beiden Bänder (nun auf jeder Seite doppelt) in der Vertiefung nach unten, unter die Spardose. Knote sie dort zusammen. Da der Knoten in der unten tieferen Rille liegt, steht die Dose fest und gerade.

Vorlage 8, Seite 60

Material

- Speckstein (weich): 1 Quader in Braun, ca. 10 x 10 cm, 8 cm hoch
- Textilband, 1,5 cm breit, 2-mal 50 cm
- Säge
- Raspel, gerade
- Ringraspel
- Feilen, gerade und rund
- Handbohrer
- Schleifpapier, 60er und 120er Körnung
- Stahlwolle, fein (000)
- Pinsel zum Entstauben
- Specksteinöl
- weiche Baumwolltücher
- weicher Bleistift
- Transparentpapier
- feine Papierschere

Schwierigkeit

****

Schrecklich-schöne Monster

1 Ein Steinmonster ist kinderleicht aus nahezu jedem Stein zu schleifen. Das Schöne ist, dass ganz allein du bestimmst, wie das Monster aussehen soll – ob eher rund oder eckig, aus glatt poliertem Stein oder kombiniert mit unbehandelten Bruchkanten. Hier kannst du deiner Fantasie freien Lauf lassen.

2 Soll dein Monster so ähnlich aussehen wie die beiden braunen Ungeheuer, raspelst du rund um den Stein alle Bruchkanten ab, arbeitest rundum eine Vertiefung als Übergang vom Kopf zum Körper und feilst von oben mit einer Rundfeile eine Kerbe in den Stein. So bekommt dein Monster Ohren. Eine quer verlaufende Kerbe wird zum Mund – je größer die Kerbe, desto weiter reißt dein Monster sein Maul auf.

3 Für die Augen arbeitest du entweder zwei unterschiedlich große oder zwei gleich große Vertiefungen ein. Wenn du als Augen Kreise in den Stein ritzt, die am Rand tiefer und nach innen weniger tief eingeritzt sind – also nach außen gewölbt – sieht es fast aus, als säßen Augäpfel im Stein.
Glätte dein Monster mit feiner Stahlwolle, und spüle es unter fließendem Wasser ab.

4 Wenn dein Monster eher kantig werden soll, so wie das helle mit der weißen Zahnreihe, arbeitest du besser auch mit kantigen Raspeln und Feilen.

5 Den geglätteten, gereinigten und getrockneten Stein ölst und polierst du, wie auf Seite 13 beschrieben.

6 Zum Schluss malst du deinem Monster noch ein nettes, grimmiges oder Furcht einflößendes Gesicht mit Bastelfarbe auf. Dabei kannst du dich am Foto orientieren oder ganz eigene Ideen umsetzen.

Tipp

Für ein besonders „grobes" Monster kannst du die Bruchkanten des Steins auch unbearbeitet lassen. Bei ungeglätteten Steinen deutest du das Maul nur durch eine Kerbe an und feilst darüber zwei Vertiefungen für die Augen ein. Ungeglättete Steine müssen nicht unbedingt geölt werden. Möchtest du sie dennoch ölen, dann verwende einen alten Pinsel und nur wenig Öl. Da sie sich nicht polieren lassen, könnten sie sonst leicht klebrig werden.

Material

- Speckstein (weich): je Monster 1 mindestens faustgroßer Rohstein in beliebiger Farbe (am besten jeweils schon mit einer geraden Standfläche)
- Raspeln in verschiedenen Formen
- kleine Feilen in verschiedenen Formen
- Stahlwolle, grob (2) und fein (000)
- Pinsel zum Entstauben
- Specksteinöl
- weiche Baumwolltücher
- Bastelfarbe in Weiß, Schwarz und Rot
- Pinsel

Schwierigkeit

*

„Mit Brief und Siegel“

1 Lege ein Stück Schleifpapier auf eine ebene Unterlage und glätte alle Seiten deines Quaders darauf, indem du ihn mehrfach hin- und herreibst. Es sollten keine Säge- oder Raspelspuren mehr auf der Oberfläche sichtbar sein. Glätte die Seite, in die du dein Siegelmotiv einritzen möchtest, besonders exakt.

2 Benutze kleine Feilen, um ein Motiv als Relief in den Stein zu arbeiten. Du kannst grafische Motive verwenden, z. B. den Anfangsbuchstaben deines Namens oder schlichte Linien, Gegenständliches wie einen Fisch oder ein Herz oder einfach ein Fantasiesymbol. Natürlich musst du die quadratische Grundform nicht beibehalten. Du kannst dein Siegel abrunden, in eine rechteckige Form bringen oder ganz asymmetrisch gestalten. Das Wichtigste an einem Siegel ist seine Einzigartigkeit.

3 Glätte dein Siegel mit feiner Stahlwolle. Die Vertiefungen stehen später im Siegellack als Relief hervor, dabei wird jede kleine Unebenheit sichtbar sein. Es ist also besondere Sorgfalt beim Glätten geboten.

4 Reinige den Stein unter fließendem Wasser vom Staub, und lass ihn anschließend trocknen. Tränke den trockenen Stein mit Öl und poliere ihn, wie auf Seite 13 beschrieben.

Tipp

Zum Versiegeln eines Briefes mit geheimen Botschaften benötigst du Siegelwachs. Lass dir von einem Erwachsenen zeigen, wie du das Wachs über einer Kerzenflamme verflüssigen kannst, wie du es auf Papier streichst und dein Siegel hineindrückst, solange es noch weich ist.

Material

- Speckstein (unterschiedliche Härten): Quader in unterschiedlichen Farben, Grundfläche ca. 2–2,5 cm, ca. 6 cm lang
- Schleifpapier, 120er Körnung
- feine Feilen
- Stahlwolle, fein (000)
- Pinsel zum Entstauben
- Specksteinöl
- weiche Baumwolltücher

Schwierigkeit

*

Unverzichtbar für Prinzessinnen

1 Säge einen Quader von 10 x 10 x 7 cm zu. Zeichne dann auf die Oberseite einen Kreis mit etwa 10 cm Durchmesser, auf die Unterseite mittig einen Kreis mit etwa 8 cm Durchmesser (Abb. 1). Dazu kannst du einen Zirkel oder einfach ein passendes Glas verwenden. Rasple den gesamten Stein außerhalb dieser Konturen weg (Abb. 2).

2 Unterteile nun die obere Kreisfläche in sechs gleich große Segmente, und male dir am äußeren Rand die sechs Zacken der Krone vor (Abb. 3). Entferne auch hier den überschüssigen Stein mit der Raspel. Arbeite immer quer über die Oberseite, und schaffe so Verbindungen zwischen den gegenüberliegenden Einkerbungen (Abb. 4).

3 Bohre mit dem Handbohrer in der Mitte (von oben nach unten) ein Loch quer durch den Stein und erweitere es mit der Rundfeile und Schleifpapier auf einen Durchmesser von etwa 3,5 cm. Runde den Übergang der Zacken zum Loch hin etwas ab.

4 Jetzt glättest du die gesamte Krone mit feinem Schleifpapier und Stahlwolle. Anschließend kannst du mit den Feilen noch Verzierungen einritzen.

5 Lege ein Stück feines Schleifpapier auf eine ebene Unterlage, drehe die Krone um und reibe sie ohne Druck einige Male über das Schleifpapier. So bekommen alle Zackenspitzen eine kleine ebene Fläche. Nachdem du die Krone gereinigt, geölt und poliert hast (siehe Seite 13), klebst du die Glasmurmeln oben auf die Zacken.

Abb. 1

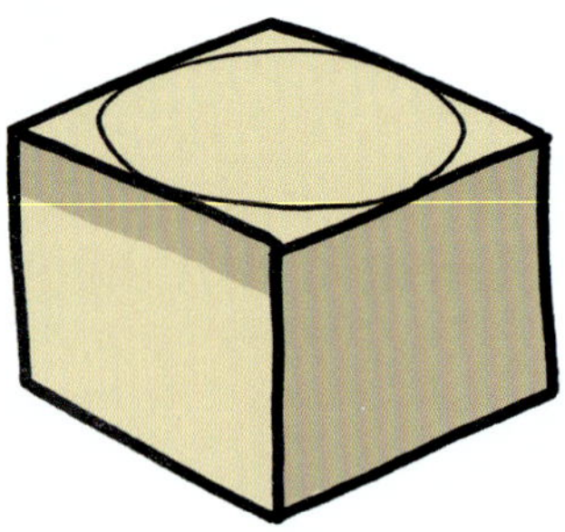

Abb. 2

Abb. 3

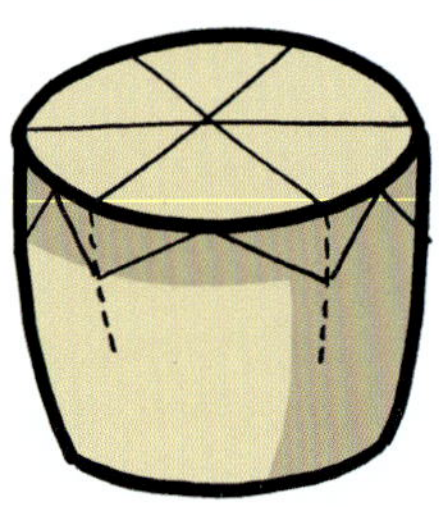

Abb. 4

Material

- Speckstein (weich): 1 Quader in Weiß, ca. 10 x 10 cm, 7 cm hoch
- 6 Glasmurmeln in Hellblau
- Raspel, flach
- Handbohrer
- Feilen, dreieckig und rund
- Schleifpapier, 120er Körnung
- Stahlwolle, fein (000)
- Pinsel zum Entstauben
- Specksteinöl
- weiche Baumwolltücher
- evtl. Zirkel
- Bleistift
- Specksteinkleber

Schwierigkeit

***

Kleiner Drache Speckispuck

1 Übertrage die Vorlagen auf Transparentpapier. Oder erfinde deinen eigenen Drachen: Nimm ein DIN-A4-Blatt quer und zeichne ihn in der Seitenansicht auf die linke Seite. Unter den Füßen und über dem Kopf zeichnest du eine waagerechte Linie quer über das Papier. Ebenso zeichnest du eine Linie in Augenhöhe, eine in Schulterhöhe, eine unter dem Bauch. Alle Linien müssen parallel verlaufen (siehe Abbildung).

2 Zeichne auf die rechte Seite des Blattes die Vorderansicht des Drachen. Achte darauf, dass alle markanten Punkte (Augen, Schultern, Füße usw.) auf den gleichen Linien liegen wie bei der Seitenansicht (siehe Abbildung). Bedenke auch, dass dein Drache eine große Standfläche braucht.

3 Schneide die Vorzeichnungen bzw. Transparentpapiervorlagen aus und messe Breite, Länge und Höhe. Diese Größe muss dein Steinquader haben.

4 Übertrage die Vorlage für die Seitenansicht auf den Stein. Zeichne den Umriss auch spiegelverkehrt auf die gegenüberliegende Seite des Steins, so sind die Umrisse genau parallel zueinander. Mit den Raspeln und Feilen trägst du den Stein außerhalb dieser Umrisse ab. Achte darauf, von Linie zu Linie, also im rechten Winkel zu arbeiten.

5 Halte die Vorlage mit der Vorderansicht von vorne gegen bzw. neben den Stein und markiere die Bereiche, die du nun mit Raspel und Feile über die gesamte Länge des Steins entfernen musst.

6 Runde den Kopf rundum ab, unterteile die Zacken, deute die Arme an, schräge den Schwanz von beiden Seiten ab, sodass er spitz zuläuft. Verwende feine Feilen, Schleifpapier und Stahlwolle, betrachte den Stein immer wieder von allen Seiten und taste dich an die Form heran. Arbeite mit der Rundfeile Vertiefungen für Augen und Nasenlöcher.

7 Glätte die Form mit feiner Stahlwolle. Abspülen, nach dem Trocknen ölen und polieren (siehe Seite 13). Mit etwas schwarzer Farbe und einem kleinen Punkt Weiß in den Augen wirkt dein Drache lebendig.

Vorlage 9, Seite 61

Material

- Speckstein (weich): Quader in Braun, für den Drachen nach Vorlage ca. 6 x 8 x 11 cm
- Säge
- Raspeln
- Feilen
- Schleifpapier, 60er und 120er Körnung
- Stahlwolle, fein (000)
- Pinsel zum Entstauben
- Specksteinöl
- weiche Baumwolltücher
- Bastelfarbe in Schwarz und Weiß
- feiner Pinsel
- weicher Bleistift
- Transparentpapier oder Papier in Weiß, DIN A4, und Lineal
- Schere

Schwierigkeit

****

Die Gespenster sind los!

1 Hier arbeitest du gleich ein Gespenster-Paar. Säge dazu den Rohstein etwa in der Mitte durch (Abb. 1). Die Schnittkanten der beiden Teile ergeben die Standflächen der beiden Gespenster.

2 Schleife nun jeweils das obere Stück des Steins mit grober Stahlwolle rund, bis in diesem Teil keine Bruchkanten mehr sichtbar sind. Mit feiner Stahlwolle glättest du die Oberfläche in diesem Bereich noch weiter. Die Bruchkanten im unteren Teil lässt du unbearbeitet stehen.

3 Entferne unter fließendem Wasser den Steinstaub. Während die Steine trocknen, kannst du dir überlegen, welchen Gesichtsausdruck du deinen Gespenstern aufmalen möchtest. Freundlich oder schrecklich? Vielleicht hat sich eines sogar vor dem anderen erschreckt und schaut ängstlich? Probiere auf einem Blatt Papier verschiedene Gesichter aus. Hier findest du Vorschläge (Abb. 2).

4 Male nun mit einem feinen Pinsel und schwarzer Bastelfarbe das jeweilige Gesicht auf den Stein. Mit einer kleinen, spitzen Feile kannst du jeweils feine Lichtpunkte in das Schwarz der Augen ritzen. Deine Gespenster wirken dann noch lebendiger.

Abb. 1

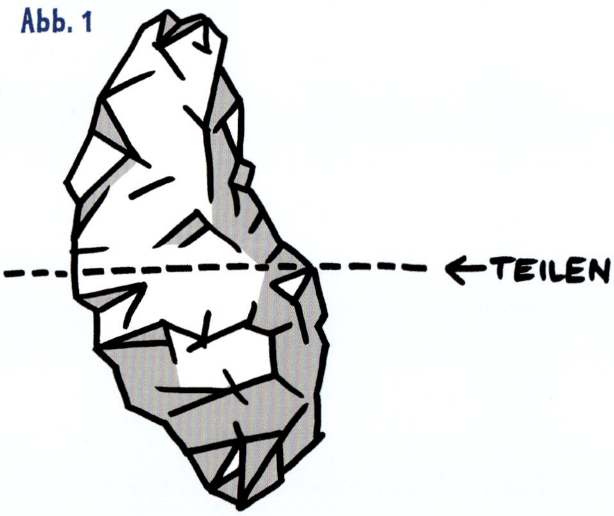

Abb. 2

Material

- Speckstein (weich): Rohstein in Weiß, längliche Form, ca. 17 x 7 x 4 cm
- Säge
- feine Rundfeile
- Stahlwolle, grob (2) und fein (000)
- Pinsel zum Entstauben
- Specksteinöl
- weiche Baumwolltücher
- Bastelfarbe in Schwarz
- feiner Pinsel

Schwierigkeit

*

Für Burgherren

Aus welchen Teilen besteht eine Burg? Aus einem Turm für die Verteidigung, mit glatten Wänden und Zinnen, aus einem großen Burgtor und zinnenbewehrten Mauern und vielleicht aus einem weiteren Turm, in dem ein verwunschenes Burgfräulein leben könnte ...

1 Viele Teile einer Burg lassen sich aus übrig gebliebenen Steinstücken anderer Modelle fertigen. Für Mauerteile kannst du 1 bis 2 cm dicke Platten auf zwei gegenüberliegenden Seiten gerade absägen. Eine Seite wird zur Standfläche, in die Oberseite feilst du mit einer kleinen, geraden Feile knapp 1 cm tiefe Kerben. Nimm einfach die Breite deiner Feile als Breite der Kerben.

2 Von einer 13 cm breiten Steinplatte sägst du wieder eine Seite als Standfläche ab und arbeitest dann mit der gebogenen Raspel von unten einen Torbogen ein. Das ist das Burgtor.

3 Als Türme kannst du gerade Quader zurechtsägen oder einen Teil des Steines mit Bruchkanten unbehandelt lassen. Mit der kleinen geraden Feile arbeitest du Zinnen in einen Turm. Für einen geraden Turm schleifst du einen Stein in Kontrastfarbe pyramidenförmig zu und setzt ihn als Dach obenauf. Du kannst deine Burg jederzeit mit weiteren Gebäuden, Hallen, Mauerstücken usw. erweitern.

Tipp

Je mehr Bruchkanten du an Mauern und Türmen unbearbeitet belässt, desto mehr sieht die Burg nach einer spannenden Ruine aus. Lass die Steine ungeölt und unpoliert, um den Sandsteincharakter zu bewahren.

Material

- Speckstein (weich): Rohsteine und Quader in Braun, für Türme ca. 11 cm hoch, für Mauern 4,5 cm hoch
- Säge
- Raspel, gewölbt
- kleine Feile, gerade
- Schleifpapier, 60er und 120er Körnung
- Stahlwolle, fein (000)
- Pinsel zum Entstauben

Schwierigkeit

*

Vorlagen

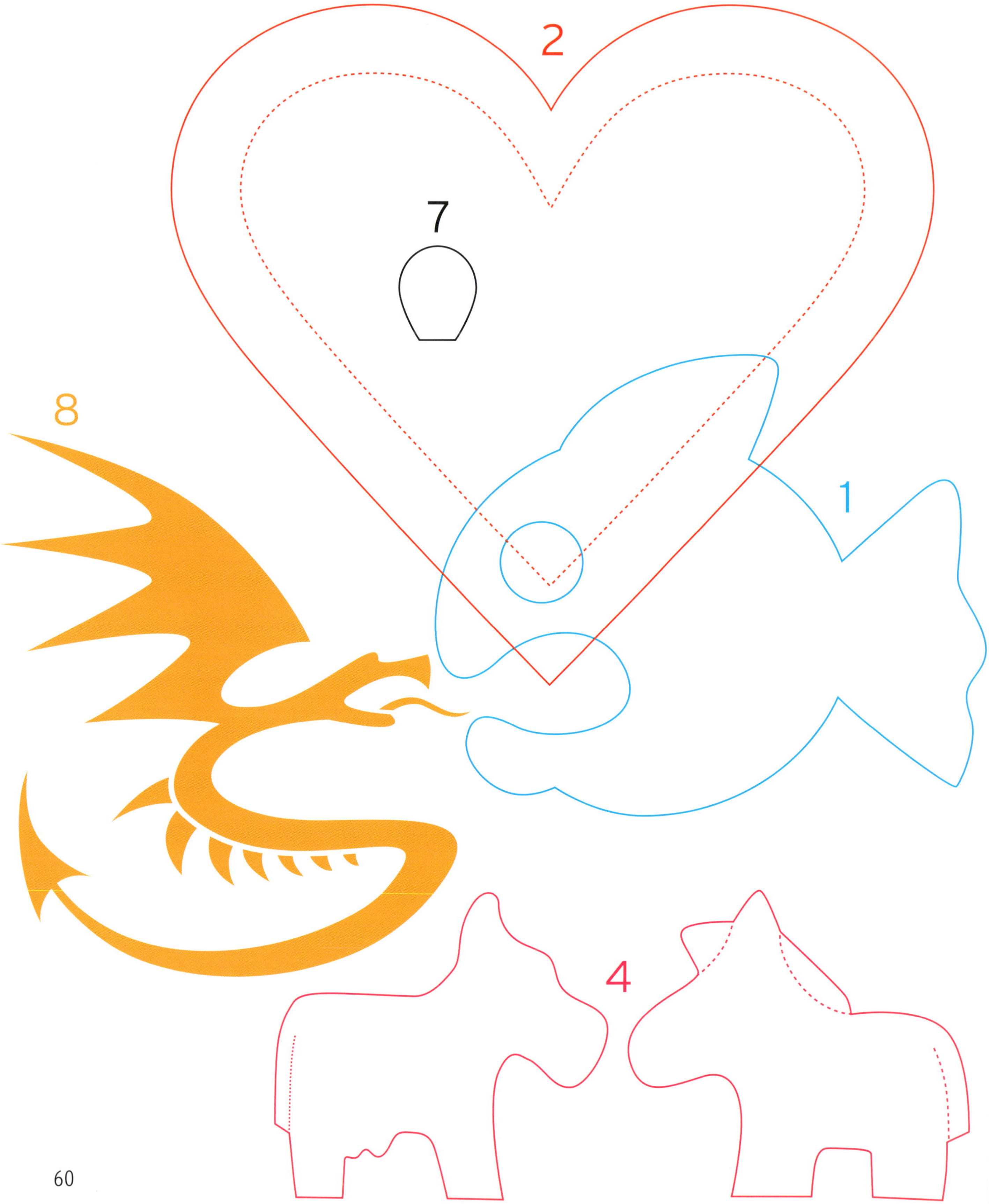

5

3

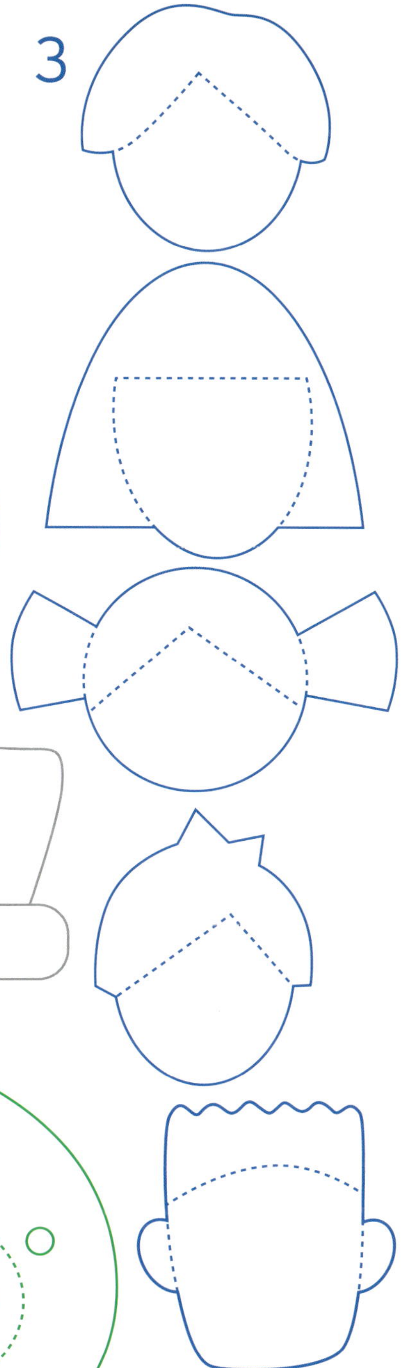

6

9

Impressum

Entwürfe, Realisation und Illustrationen: Mareike Grün
Fotos: Marco Stirn
Styling: Petra Hoffmann
Lektorat: Regina Sidabras
Umschlaggestaltung: Yvonne Rangnitt
Satz: GrafikwerkFreiburg
Repro: Meyle + Müller GmbH & Co. KG, Pforzheim
Druck und Verarbeitung: Himmer AG, Augsburg

ISBN 978-3-8388-3204-3
Art.-Nr. CV3204

Dank
Die Autorin bedankt sich bei den Firmen C. Kreul, Rayher und Talcus® für die zur Verfügung gestellten Materialien.
Ein herzlicher Dank geht auch an ihre Familie und Claudia Heck für die Unterstützung sowie an Petra Hoffmann und Regina Sidabras für die gute Zusammenarbeit.

Herstellerverzeichnis
C. Kreul GmbH & Co. KG, Hallerndorf
Hobbygross Erler (Efco), Rohrbach
Rayher Hobby GmbH, Laupheim
Talcus® Reithofer e. U., Hartberg